Trainingslehre in der Fitnessökonomie. Trainingsplanung für einen 30-jährigen Mann mit etwas Krafttrainingserfahrung

Bibliografische Information der Deutschen Nationalbibliothek:

Die Deutsche Nationalbibliothek verzeichnet diese Publikation in der Deutschen Nationalbibliografie; detaillierte bibliografische Daten sind im Internet über http://dnb.d-nb.de abrufbar.

ISBN: 9783346900883
Dieses Buch ist auch als E-Book erhältlich.

© GRIN Publishing GmbH
Trappentreustraße 1
80339 München

Druck und Bindung: Books on Demand GmbH, Norderstedt Germany
Gedruckt auf säurefreiem Papier aus verantwortungsvollen Quellen

Das vorliegende Werk wurde sorgfältig erarbeitet. Dennoch übernehmen Autoren und Verlag für die Richtigkeit von Angaben, Hinweisen, Links und Ratschlägen sowie eventuelle Druckfehler keine Haftung.

Das Buch bei GRIN: https://www.grin.com/document/1368383

Deutsche Hochschule für

Prävention und Gesundheitsmanagement

Hermann Neuberger Sportschule 3

66123 Saarbrücken

Einsendeaufgabe

Fachmodul: Trainingslehre 2

Studiengang: Fitnessökonomie

Inhaltsverzeichnis

1 Diagnose

1.1 Allgemeine und biometrische Daten

Tab. 1 Allgemeine und biometrische Daten zur Testperson

Alter:	30 Jahre
Geschlecht:	Männlich
Körpergröße:	188 cm
Körpergewicht:	85 kg
Körperfettanteil:	22%
Blutdruck:	141/84 mmHg
Ruhepuls:	75 Schläge/Minute
Beruf:	Informatiker
Trainingsmotive:	Stressabbau: Jobbedingt immer unter Druck Spaß Fit werden: Kommt leicht außer Atem Aussehen: Fett soll etwas weniger werden
Sportliche Aktivitäten:	Früher: keine Aktivitäten Leistungsstufe: - Jetzt: Kraftsport 2-mal pro Woche seit 2 Monaten Leistungsstufe: Beginner
Zeitlicher Verfügungsrahmen:	2-3 mal die Woche (à 60-80 Minuten)
Einnahme von Medikamenten:	Keine
Orthopädische bzw. internistische Probleme:	Keine

Ärztliche Behandlungen:	Keine

- Blutduck: 141/84 mmHG
  - ➤ Laut Blutdruckklassifikation (Tab.2) liegt somit eine arterielle Hypertonie Stufe 1 vor. Genauer eine isolierte systolische Hypertonie

Tab. 2 Blutdruckklassifikation der American Heart Association (Manica, et al., 2013, S. 1286)

Bewertungsstufen	systolischer Blutdruck	diastolischer Blutdruck
Normblutdruck (Normotonie)		
optimal	unter 120 mmHg	unter 80 mmHg
normal	unter 130 mmHg	unter 85 mmHg
hochnormal	130-139 mmHg	85-89 mmHg
Bluthochdruck (arterielle Hypertonie)		
Stufe 1	140-159 mmHg	90-99 mmHg
Stufe 2	160-179 mmHg	100-109 mmHg
Stufe 3	> 180 mmHg	> 110 mmHg

- Ruhepuls: 75 Schläge/Minute
  - ➤ Normwert zwischen 60 bis 80 Schlägen (Burri, 2013, S. 34)
- Körperfett: 22%
  - ➤ Normwert beträgt 21–33 % (Gallagher, et al., 2000)

1.2 Leistungsdiagnostik/Ausdauertestung

1.2.1 Begründung des Fahrradergometertests

Bei der Person handelt es sich um einen Sportbeginner. Da er noch nie Sport betrieben hat, bzw. seit 2 Monaten Kraftsport betreibt. Verletzungen oder sonstige Vorbelastungen sind keine vorhanden und Medikamente werden auch keine eingenommen. Für einen Hollmann-Venrath-Test ist es ratsam das die Person eine Belastung von 150 Watt aushält. Da die Person leicht außer Atem kommt wird der WHO-Test ausgewählt. Denn dieser ist für Leistungsschwächere Personen angesetzt.

4

Der Test wird nach IPN® (Instituts für Prävention und Nachsorge) auf dem Fahrrader-
gometer submaximal ausgeführt, so dass auf keinen Fall eine Überbelastung entsteht.
Das Fahrrad an sich ist ein koordinativ eher anspruchsloses Allroundgerät und passt
deswegen optimal zu unserer Person.

1.2.2 Praktische Durchführung und Darstellung

Bevor der Test beginnt wird noch nach den restlichen Testparametern nach IPN® ge-
schaut. Mit Tab.3 können wir ablesen, dass die Person mit 30 Jahren und einem Ruhepuls
von 75 Schläge/Minute bis 140 Schläge/Minute fahren kann.

Da er keinerlei Ausdauertraining zuvor gemacht hat wird auch nach IPN® kein Aufschlag
auf den Puls vorgenommen (Tab. 4).

Somit ergibt sich ein Belastungsprotokoll:

➢ Eingangsbelastung: 25 Watt

➢ Belastungssteigerung: 25 Watt

➢ Stufendauer: 2 Minuten

➢ Trittfrequenz: ca. 60-80 U/min

**Tab. 3 Voreinstufung nach Ruheherzfrequenz und Lebensalter (modifiziert nach (Trunz, 2001);
(Institut für Prävention und Nachsorge, 2004, S. 4)**

Alter HfRuh	<20	20-29	30-39	40-49	50-59	60-69	>70
< 50 S/min	140 S/min	135 S/min	130 S/min	125 S/min	115 S/min	110 S/min	105 S/min
50-59 S/min	145 S/min	140 S/min	135 S/min	125 S/min	120 S/min	115 S/min	110 S/min
60-69 S/min	145 S/min	145 S/min	135 S/min	130 S/min	125 S/min	120 S/min	115 S/min
70-79 S/min	150 S/min	145 S/min	140 S/min	135 S/min	130 S/min	125 S/min	120 S/min
80-89 S/min	155 S/min	150 S/min	145 S/min	140 S/min	135 S/min	125 S/min	125 S/min
> 90 S/min	160 S/min	155 S/min	150 S/min	145 S/min	135 S/min	130 S/min	125 S/min

Tab. 4 Voreinstufung unter zusätzlicher Berücksichtigung der Trainingshäufigkeit ausdauerrelevanter Aktivitäten (modifiziert nach (Trunz, 2001); (Institut für Prävention und Nachsorge, 2004, S. 4)

Trainingszu-stand	Trainingshäufig-keit/ Woche	Stunden/ Woche	Pulsaufschlag
kein Ausdauer-training	kein einziges Mal	0 Stunden	kein Aufschlag
wenig Ausdauer-training	1-2-mal	≤ 1 Stunde	kein Aufschlag
moderates Aus-dauertraining	2-3-mal	1-2 Stunden	plus 5 S/min
viel Ausdauertrai-ning	3-4-mal	2-4 Stunden	plus 10 S/min
sehr viel Aus-dauertraining	> 4-mal	> 4 Stunden	plus 15 S/min

Abb. 1 Grafische Auswertung des Test

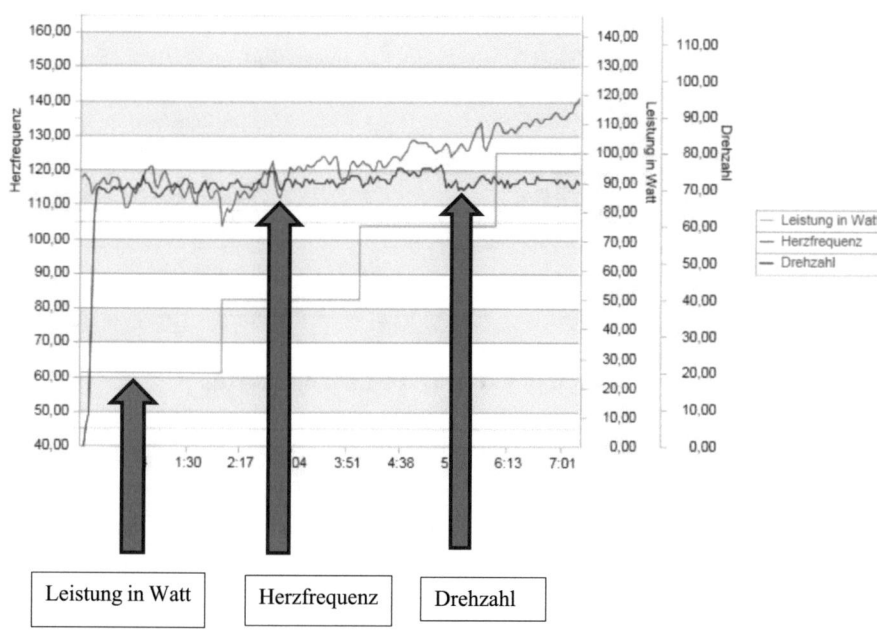

| Leistung in Watt | Herzfrequenz | Drehzahl |

Tab. 5 Testverlauf nach WHO

Eingangstest		Hf-Messung immer nach abgelaufener Minute Startpuls bei 118 (bedingt durch Aufregung)		
Stufe	Zeit in Minuten	Watt	Hf_1	Hf_2
I	0-2	25	121 (1min)	112 (2min)
II	2-4	50	118 (3min)	121 (4min)
III	4-6	75	128 (5min)	133 (6min)
IV	6-8	100	135 (7min)	140 (7:57min) →Abbruch

1.2.3   Bewertung der Testergebnisse anhand Normwerte

Bei 7:57min wurde der Test abgebrochen da 140 S/min erreicht wurden. Da dies genau 3 Sekunden vor Ende der Stufe war, man also keine Zeitinterpolation durchführen muss, ergibt sich somit eine Belastungsintensität von:

$$\frac{Watt}{Kilogramm} = \frac{100}{85} = 1,18$$

Wenn man sich die Normwerte (Tab. 6) zur Hand nimmt ergibt sich somit die Bewertung ☹☹. Und wir haben eine Intensität von 0,50.

Tab. 6 Ausschnitt Normtabelle für submaximale Radergometertests - Relative Watt-Soll-Leistung (Watt pro kg) bei Männern (modifiziert nach (Institut für Prävention und Nachsorge, 2004, S. 8))

Alter	<30	30-34	35-39	40-	45-	50-	55-	>60	Bewertung
Intensität									
0,50	1,45	1,38	1,31	1,23	1,16	1,09	1,02	0,94	☹☹

1.3   Gesundheits- und Leistungszustand der Person

Es gibt keine Erkrankungen oder sonstige Vorbelastungen. Medikamente werden auch nicht eingenommen. Der Test zeigt, dass die Person noch nie Ausdauersport betrieben hat. Vom Leistungszustand her ist sie aber durchaus in der Lage viel zu erreichen, da man hier wirklich fast von einem 0-Punkt sprechen kann.

7

2 Zielsetzung/Prognose

2.1 1. Ziel: Stressabbau

Um den Stressabbau einzuleiten muss die Katechoaminausschüttung gesenkt werden. Dies bedeutet eine Senkung des Blutdruckes um ca 8 mmHg systolisch und 4 mmHg diastolisch in 6 Wochen.

2.2 2. Ziel: Fit werden

Um fit zu werden, also nicht so schnell außer Atem kommen wird die Ruheherzfrequenz um 3 Schläge/Minute gesenkt in 4 Wochen.

2.3 3. Ziel: Aussehen

Um den Körper zu formen empfiehlt sich eine Fettstoffwechseloptimierung. VO_{2max} soll deswegen innerhalb der 6 Wochen um 10% erhöht werden. Durch längere Trainingsbelastung kommt es zu einer Zunahme an Enzymen zur Fettverbrennung. Somit wird der Energieumsatz mit freien Fettsäuren erhöht.

3 Trainingsplanung Mesozyklus

3.1 Grobplanung Mesozyklus

Tab. 7 Grobplanung Mesozyklus

Mesozyklus	
Dauer	6 Wochen
Trainingsziel	Verbesserung der Grundlagenausdauer
Gesamttrainingumfang pro Woche	2 bis 3 Stunden
Trainingsmethoden	Extensive Dauermethode (ext. DM)
	Variable Dauermethode (var. DM)
	Intensive Dauermethode (int. DM)
	Extensive Intervallmethode (ext. IM)
Belastungsintensität	40-50 % $Hf_{Reserve}$ (ext. DM für Regeneration)
	45-65 % $Hf_{Reserve}$ (ext. DM)
	60-80 % $Hf_{Reserve}$ (var. DM)
	70-85 % $Hf_{Reserve}$ (int. DM, ext. IM)
Trainingshäufigkeit pro Woche	3
Dauer pro Trainingseinheit	35-45 min (ext. DM für Regeneration)
	45-90 min (ext. DM)
	30-60 min (var. DM)
	25-40 min (int. DM)
	20 min (ext. IM)
Trainingsgeräte	Laufband, Crosstrainer, Fahrrad

3.2 Detailplanung Mesozyklus

Tab. 8 Detailplanung des Mesozyklus von 6 Wochen

che 1	MO	MI	SA	Woche 2	MO	MI	SA
	GA 1	GA 2	REKOM	Ziel	GA 1	GA 2	REKOM
hode	ext. DM	var. DM	ext. DM	Methode	ext. DM	Int. DM	ext. DM
nsität	60-65%	65-80%	40-50%	Intensität	60-65%	65-70%	40-50%
zfre-nz	144-150 S/min	150-167 S/min	121-133 S/min	Herzfre-quenz	144-150 S/min	150-156 S/min	121-133 S/min
er	45	35 (5;5)	35	Dauer	55	30	40
ät	Crosstrainer	Laufband	Fahrrad	Gerät	Crosstrainer	Laufband	Fahrrad

che 3	MO	MI	SA	Woche 4	MO	MI	SA
	GA 1	GA 2	REKOM	Ziel	GA 1	GA 2	REKOM
hode	ext. DM	var. DM	ext. DM	Methode	ext. DM	Int. DM	ext. DM
nsität	45-50%	60-70%	40-50%	Intensität	60-65%	70-80%	40-50%
zfre-nz	127-133 S/min	144-156 S/min	121-133 S/min	Herzfre-quenz	144-150 S/min	156-167 S/min	121-133 S/min
er	45	40 (5;5)	35	Dauer	55	40	40
ät	Crosstrainer	Laufband	Fahrrad	Gerät	Crosstrainer	Laufband	Fahrrad

che 5	MO	MI	SA	Woche 6	MO	MI	SA
	GA 1	GA 2	REKOM	Ziel	GA 1	GA 2	REKOM
hode	ext. DM	Ext. IM	ext. DM	Methode	ext. DM	var. DM	ext. DM
nsität	50-60%	70-85%	40-50%	Intensität	50-60%	65-70%	40-50%
zfre-nz	133-144 S/min	156-173 S/min	121-133 S/min	Herzfre-quenz	133-144 S/min	150-156 S/min	121-133 S/min
er	90	20 (4 Intervalle ; 2 min Pause)	45	Dauer	80	30 (5;5)	40
ät	Crosstrainer	Laufband	Fahrrad	Gerät	Crosstrainer	Laufband	Fahrrad

3.3 Begründung zum Mesozyklus

Mit dem Belastungsschema 2:1 wird über die ganzen 6 Wochen trainiert. Durch das GA1-Training am Montag, GA2-Training am Mittwoch und der Regeneration (REKOM) am Samstag ist genau dies gegeben und zeigt eine ausreichende Be- und Entlastungsphase.

Woche 1 & 2 ist zunehmend intensiver und wird dann durch Woche 3 & 4 stabilisiert mit weniger Reizstärke.

In Woche 5 tastet sich die Person an eine neue Trainingsmethode heran, die extensive Intervallmethode. Diese genau einzuhalten ist nicht allzu einfach, aber lässt sich durch das Laufband gut realisieren.

Woche 6 dient noch einmal der Stabilisierung.

4 Literaturrecherche - Effekte des Ausdauertrainings bei Übergewicht

Tab. 9 Effect of exercise training intensity on abdominal visceral fat and body composition (Brian A. Irving, et al., 2009)

Wer hat die Studien durchgeführt?	Brian A. Irving, Ph.D., Christopher K. Davis, M.D., Ph.D., David W. Brock, Ph.D., Judy Y. Weltman, M.S., Damon Swift, M.S., M.Ed., Eugene J. Barrett, M.D., Ph.D., Glenn A. Gaesser, Ph.D., und Arthur Weltman, Ph.D.
In welchem Jahr wurden die Studien publiziert?	2009
Mit welchen Versuchspersonen wurden die Studien durchgeführt?	27 stark übergewichtige Frauen mittleren Alters (51 ± 9 Jahre und BMI: 34 ± 6 kg/m^2
Wie sah der Versuchsaufbau der Studien aus?	Die Frauen wurden in folgende drei Gruppen unterteilt: 1. kein Training (7 Frauen) 2. Klassisches Ausdauertraining mit mittlerer Intensität (5x pro Woche) (11 Frauen) 3. 2x klassisches Ausdauertraining und 3x intensives Ausdauertraining welches intensiv über der anaeroben Schwelle lag (9 Frauen) Beide Trainingsgruppen verbrannten 400 kcal 16 Wochen später wurde bei allen TeilnehmerInnen die verlorenen Menge Fett kontrolliert.

Welche relevanten Ergebnisse und Schlussfolgerungen lieferten die Studien?	Gruppe 1: keine Veränderung
	Gruppe 2: keine Veränderung
	Gruppe 3: signifikanter Fettabbau
	➔mit hoher Intensität ist die Fettverbrennung höher als bei Stundenlangem klassischen Training

Tab. 10 Kinder mit Übergewicht - Sport fördert Ausdauer, Kraft, Beweglichkeit und Geschicklichkeit (Faude & Meyer, 2010)

Wer hat die Studien durchgeführt?	Dr. Oliver Faude, Professor Tim Meyer
In welchem Jahr wurden die Studien publiziert?	2010
Mit welchen Versuchspersonen wurden die Studien durchgeführt?	39 Kinder, von denen allerdings nur 22 regelmäßig zu Training kamen und auch nur diese gewertet wurden. (8-12 Jahre) Durchschnittliches Gewicht war 66kg und damit ca. bis zu 20 kg Übergewicht
Wie sah der Versuchsaufbau der Studien aus?	Gruppe wurde in 2 Hälften geteilt. 1. Hälfe absolvierte ein Standard-Fitness-Programm. 2. Hälfte nahm an einem Fußball Training teil. Das Training fand für beide Gruppen 3-mal die Woche statt.
Welche relevanten Ergebnisse und Schlussfolgerungen lieferten die Studien?	Bei den Kindern beider Gruppen haben sich Fähigkeiten wie Ausdauer, Kraft, Beweglichkeit und Geschicklichkeit stark verbessert. In der Fußballgruppe war der Effekt sogar noch etwas größer. Gleichzeitig nahm die

	Herzfrequenz während der Belastung ab.
	➔ Kinder insgesamt fitter

5 Literaturverzeichnis

Brian A. Irving, P., Christopher K. Davis, M., Ph.D., D. W., Judy Y. Weltman, M., Damon Swift, M. M., Eugene J. Barrett, M. P., . . . Arthur Weltman, P. (1. 11 2009). *US National Library of Medicine.* Abgerufen am 26. 12 2016 von https://www.ncbi.nlm.nih.gov/pmc/articles/PMC2730190/

Burri, C. (2013). *Die einfachen Kreislaufgrößen beim chirurgischen Patienten.* Springer-Verlag.

Faude, D., & Meyer, T. (2010). *medizin-aspekte.de.* Abgerufen am 26. 12 2016 von http://www.archiv.medizin-aspekte.de/uebergewicht/uebergewicht_10171.html

Gallagher, D., Heymsfield, S., Heo, M., Jebb, S., Murgatroyd, P., & Sakamoto, Y. (2000). *Healthy percentage body fat ranges: an approach for developing guidelines based on body mass index.* American Society for Clinical Nutrition.

Institut für Prävention und Nachsorge. (2004). *IPN-Test® – Ausdauertest für den Fitness- und Gesundheitssport.* Köln: Institut für Prävention und Nachsorge.

Manica, G., Fagard, R., Narkiewicz, K., Redòn, J., Zanchetti, A., & Böhm, M. (2013). 2013 ESH/ESC Guidelines for the management of arterial. The task force for the management of arterial hypertension of the European Society of Hypertension (ESH) and of the EuropeanSociety of Cardiology (ESC). *Journal of hypertension, 31*(7), S. 1281–1357.

Trunz, E. (2001). *IPN-Test® – Ausdauertest für den Fitness- und Gesundheitssport.* Köln: Institut für Prävention und Nachsorge.

6 Abbildungs- und Tabellenverzeichnis

6.1 Abbildungsverzeichnis

6.2 Tabellenverzeichnis

BEI GRIN MACHT SICH IHR WISSEN BEZAHLT

- Wir veröffentlichen Ihre Hausarbeit,
  Bachelor- und Masterarbeit

- Ihr eigenes eBook und Buch -
  weltweit in allen wichtigen Shops

- Verdienen Sie an jedem Verkauf

Jetzt bei www.GRIN.com hochladen und kostenlos publizieren